D1686620

# À L'ÉCOLE J'ai toujours La Classe !

**Un livre de souvenirs et de photos scolaires à compléter !**

### Cet album est complété par :

- 👤 ....................................................
- 🏠 ....................................................
- ✉ ....................................................
- 📞 ....................................................

© GenoMemo Edition - 2021 - Tous droits réservés
La reproduction de tout ou une partie du contenu de cet ouvrage sans autorisation explicite de GenoMemo Edition
et par quelque moyen que ce soit constitue une violation du droit d'auteur.

# Sommaire de l'album

| | |
|---|---|
| Mes premières années | p.6 à 8 |
| Mes années de maternelle | p.9 à 22 |
| Mes années de primaire | p.23 à 44 |
| Mes années au collège | p.45 à 62 |
| Mes années au lycée | p.63 à 76 |
| Redoublement | p.77 à 83 |

# Ma trombine AU FIL DES ANS

COLLER UNE PHOTO D'IDENTITÉ 35X45 mm PAR ANNÉE

| | | | |
|---|---|---|---|
| Mon âge : .......... <br> Année : .......... | Mon âge : .......... <br> Année : .......... | Mon âge : .......... <br> Année : .......... | Mon âge : .......... <br> Année : .......... |
| Mon âge : .......... <br> Année : .......... | Mon âge : .......... <br> Année : .......... | Mon âge : .......... <br> Année : .......... | Mon âge : .......... <br> Année : .......... |
| Mon âge : .......... <br> Année : .......... | Mon âge : .......... <br> Année : .......... | Mon âge : .......... <br> Année : .......... | Mon âge : .......... <br> Année : .......... |

# Ma trombine
## AU FIL DES ANS
COLLER UNE PHOTO D'IDENTITÉ 35X45 mm PAR ANNÉE

| | | | |
|---|---|---|---|
| Mon âge : ............<br>Année : ............ | Mon âge : ............<br>Année : ............ | Mon âge : ............<br>Année : ............ | Mon âge : ............<br>Année : ............ |
| Mon âge : ............<br>Année : ............ | Mon âge : ............<br>Année : ............ | Mon âge : ............<br>Année : ............ | Mon âge : ............<br>Année : ............ |
| Mon âge : ............<br>Année : ............ | Mon âge : ............<br>Année : ............ | Mon âge : ............<br>Année : ............ | Mon âge : ............<br>Année : ............ |

# Mes premières ANNÉES

*De 0 à 3 ans, je passais mes journées...*

## À LA CRÈCHE !

De ............h............ à ............h............

Ça s'appelait :
..................................................
..................................................

C'était situé à :
..................................................
..................................................

Mes activités favorites étaient :
..................................................
..................................................
..................................................
..................................................
..................................................

Notes
..................................................
..................................................
..................................................
..................................................

## CHEZ LA NOUNOU !

De ............h............ à ............h............

Qui s'appelait :
..................................................
..................................................

Qui habitait :
..................................................
..................................................

Mes activités favorites étaient :
..................................................
..................................................
..................................................
..................................................
..................................................

Notes
..................................................
..................................................
..................................................
..................................................

🏠 CHEZ ........................... !

De ............ h ............ à ............ h ............

C'est
..................................................................
.............................. qui s'occupait de moi !

Mes activités favorites étaient :
..................................................................
..................................................................
..................................................................
..................................................................
..................................................................
..................................................................
..................................................................

Notes
..................................................................
..................................................................
..................................................................
..................................................................
..................................................................

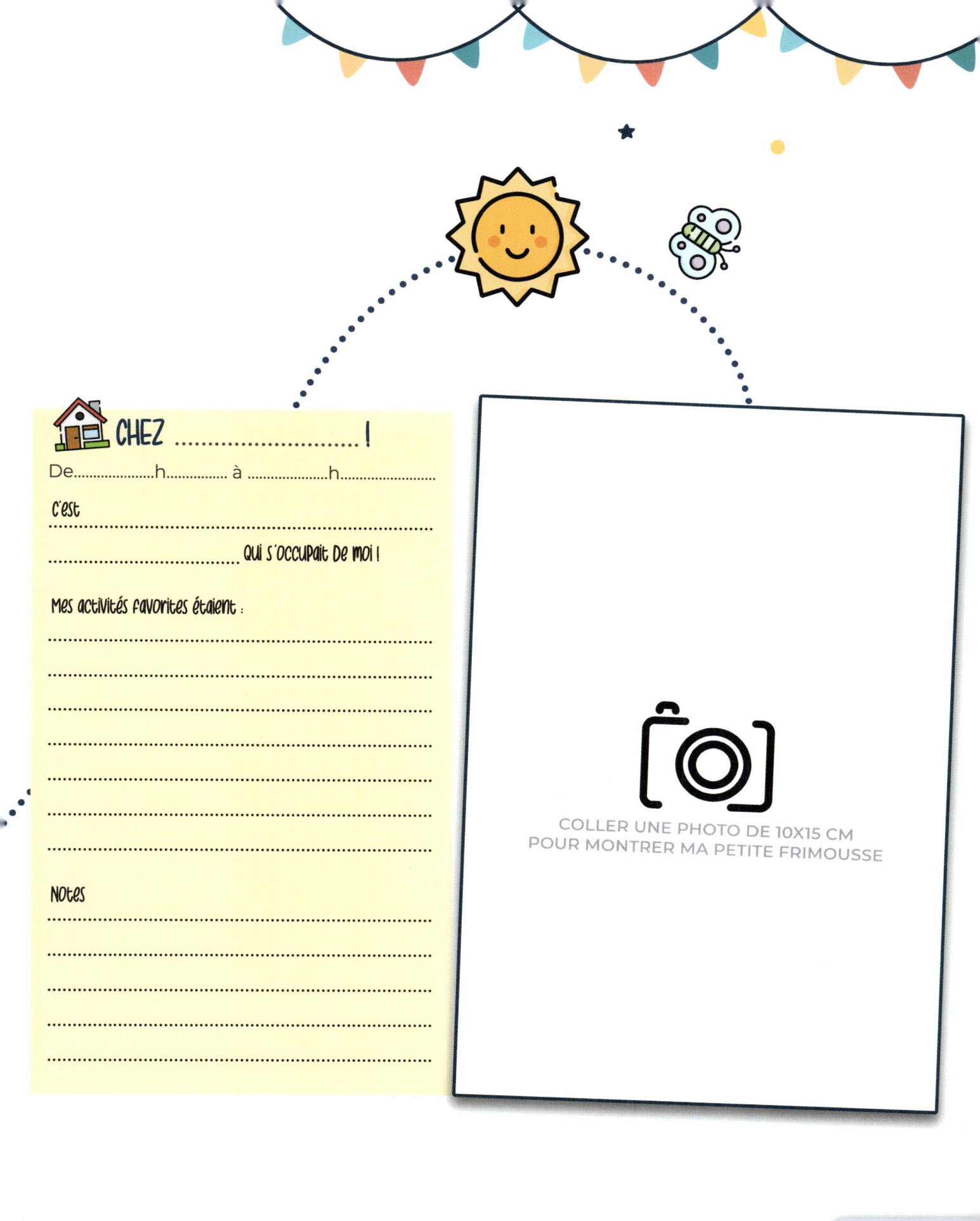

COLLER UNE PHOTO DE 10X15 CM
POUR MONTRER MA PETITE FRIMOUSSE

COLLER UNE PHOTO DE 10X15 CM
POUR MONTRER MA PETITE FRIMOUSSE

COLLER UNE PHOTO DE 10X15 CM
POUR MONTRER MA PETITE FRIMOUSSE

# mes années de MATERNELLE

## Petite section

Date de la rentrée : ...........................................
.................................................................................

Nom et adresse de mon école :
.................................................................................
.................................................................................

Le jour de la rentrée, j'étais :

| 😀 | 😉 | 😐 | 😆 | 😔 | 😴 | 😧 | 😢 |
|---|---|---|---|---|---|---|---|
| content | confiant | calme | excité | déçu | fatigué | anxieux | triste |
| ☐ | ☐ | ☐ | ☐ | ☐ | ☐ | ☐ | ☐ |

COLLER UNE PHOTO DE 10X15 CM
LE JOUR DE MA RENTRÉE

Cette année j'ai :
.......... Maître(s), qui se prénomme(nt) ..........................
.................................................................................
.......... Maîtresse(s), qui se prénomme(nt) ....................
.................................................................................

Mes activités préférées sont :
.................................................................................
.................................................................................
.................................................................................
.................................................................................

Cette année j'ai appris a :
.................................................................................
.................................................................................
.................................................................................
.................................................................................

Sur cette photo, j'ai ........... ans

Je mesure .....................................

Je pèse .........................................

Ma tenue .......................................
préférée est ..................................

# Année scolaire 20__ / 20__

Mes meilleurs copains : ....................

Un souvenir marquant : ....................

**UN PETIT MOT DE MES PARENTS**

COLLER UN DE MES PREMIERS CHEF-D'ŒUVRE, DES PHOTOS OU DES MOTS DES COPAINS OU ÉCRIRE DES NOTES SUPPLÉMENTAIRES

## la photo de l'année

### Mon humeur lors de la séance photo

☐ Content    ☐ Confiant    ☐ Détendu    ☐ Excité

☐ Malade    ☐ Fatigué    ☐ Anxieux    ☐ Triste

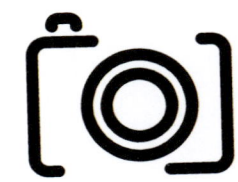

COLLER UNE PHOTO DE 13X18 CM
C'EST MON PORTRAIT LE PLUS STUDIEUX !

## L'EFFECTIF DE LA CLASSE

ÉCRIRE LE PRÉNOM DE MES CAMARADES DE GAUCHE À DROITE EN PARTANT DU HAUT

COLLER LA PHOTO DE CLASSE ICI !
FORMAT 18X24 CM

## Moyenne Section

Date de la rentrée : ...............................................
..................................................................

Nom et adresse de mon école :
..................................................................
..................................................................

**Je me sentais :**

- content ☐
- confiant ☐
- calme ☐
- excité ☐
- déçu ☐
- fatigué ☐
- anxieux ☐
- triste ☐

COLLER UNE PHOTO DE 10X15 CM
LE JOUR DE MA RENTRÉE

**Cette année j'ai :**
.......... Maître(s), qui se prénomme(nt) ..........
..................................................................
.......... Maîtresse(s), qui se prénomme(nt) ..........
..................................................................

**Mes activités préférées sont :**
..................................................................
..................................................................
..................................................................
..................................................................

**Cette année j'ai appris a :**
..................................................................
..................................................................
..................................................................
..................................................................

Sur cette photo, j'ai .......... ans

Je mesure ...............................................

Je pèse ...............................................

Ma tenue préférée est ...............................................

# Année scolaire
## 20__ / 20__

Mes meilleurs copains : ................................
................................
................................

Un souvenir marquant : ................................
................................
................................
................................
................................
................................

**UN PETIT MOT DE MES PARENTS**

COLLER UN DE MES PREMIERS CHEF-D'ŒUVRE, DES PHOTOS OU DES MOTS DES COPAINS
OU ÉCRIRE DES NOTES SUPPLÉMENTAIRES

## la photo de l'année

### Mon humeur lors de la séance photo

- ☐ Content
- ☐ Confiant
- ☐ Détendu
- ☐ Excité
- ☐ Malade
- ☐ Fatigué
- ☐ Anxieux
- ☐ Triste

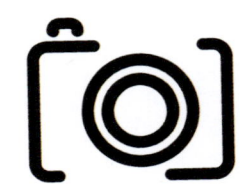

COLLER UNE PHOTO DE 13X18 CM
C'EST MON PORTRAIT LE PLUS STUDIEUX !

## L'EFFECTIF DE LA CLASSE

ÉCRIRE LE PRÉNOM DE MES CAMARADES DE GAUCHE À DROITE EN PARTANT DU HAUT

COLLER LA PHOTO DE CLASSE ICI !
FORMAT 18X24 CM

## Grande section

Date de la rentrée : ....................................
..........................................................

Nom et adresse de mon école : ..................
..........................................................
..........................................................

Le jour de la rentrée, j'étais :

| 😀 | 😉 | 😐 | 😜 | 😔 | 😴 | 🥺 | 😢 |
|---|---|---|---|---|---|---|---|
| content | confiant | calme | excité | déçu | fatigué | anxieux | triste |
| ☐ | ☐ | ☐ | ☐ | ☐ | ☐ | ☐ | ☐ |

COLLER UNE PHOTO DE 10X15 CM
LE JOUR DE MA RENTRÉE

Cette année j'ai :
........ Maître(s), qui se prénomme(nt) ........
..........................................................
........ Maîtresse(s), qui se prénomme(nt) ........
..........................................................

Mes activités préférées sont :
..........................................................
..........................................................
..........................................................
..........................................................

Cette année j'ai appris à :
..........................................................
..........................................................
..........................................................
..........................................................

Sur cette photo, j'ai ............ ans

Je mesure ..........................................

Je pèse ..............................................

Ma tenue préférée est ........................

# Année scolaire
## 20__ / 20__

Mes meilleurs copains : ....................
....................
....................

Un souvenir marquant : ....................
....................
....................
....................
....................
....................

**UN PETIT MOT DE MES PARENTS**

COLLER UN DE MES PREMIERS CHEF-D'ŒUVRE, DES PHOTOS OU DES MOTS DES COPAINS
OU ÉCRIRE DES NOTES SUPPLÉMENTAIRES

## la photo de l'année

### Mon humeur lors de la séance photo

☐ Content  ☐ Confiant  ☐ Détendu  ☐ Excité

☐ Malade  ☐ Fatigué  ☐ Anxieux  ☐ Triste

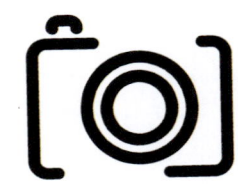

COLLER UNE PHOTO DE 13X18 CM
C'EST MON PORTRAIT LE PLUS STUDIEUX !

## L'EFFECTIF DE LA CLASSE

ÉCRIRE LE PRÉNOM DE MES CAMARADES DE GAUCHE À DROITE EN PARTANT DU HAUT

COLLER LA PHOTO DE CLASSE ICI !
FORMAT 18X24 CM

## Notes pour plus tard

# mes années de PRIMAIRE

# CP

Date de la rentrée : ..............................................

Nom et adresse de mon école : ..............................................

..............................................

**Le jour de la rentrée, j'étais :**

| 😃 content ☐ | 😊 confiant ☐ | 😐 calme ☐ | 😛 excité ☐ | 😔 déçu ☐ | 😴 fatigué ☐ | 😟 anxieux ☐ | 😢 triste ☐ |

*Coller une photo de 10x15 cm le jour de ma rentrée*

**Cette année j'ai :**

.......... Maître(s), qui se prénomme(nt) ..........

.......... Maîtresse(s), qui se prénomme(nt) ..........

**Mes activités préférées sont :**

..............................................
..............................................
..............................................
..............................................

**Cette année j'ai appris a :**

..............................................
..............................................
..............................................
..............................................

Sur cette photo, j'ai .......... ans.

Je mesure ..............................................

Je pèse ..............................................

Ma tenue préférée est ..............................................

## Année scolaire 20__ / 20__

Mon meilleur copain : ............................

Ma meilleure copine : ............................

Un souvenir marquant : ............................

............................

............................

............................

**PLUS TARD JE SERAIS**
............................

VOICI COMMENT J'ÉCRIS MON PRÉNOM

## la photo de l'année

### Mon humeur lors de la séance photo

- ☐ Content
- ☐ Confiant
- ☐ Détendu
- ☐ Excité
- ☐ Malade
- ☐ Fatigué
- ☐ Anxieux
- ☐ Triste

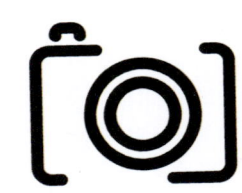

COLLER UNE PHOTO DE 13X18 CM
C'EST MON PORTRAIT LE PLUS STUDIEUX !

## L'EFFECTIF DE LA CLASSE

Écrire le prénom de mes camarades de gauche à droite en partant du haut

COLLER LA PHOTO DE CLASSE ICI !
FORMAT 18X24 CM

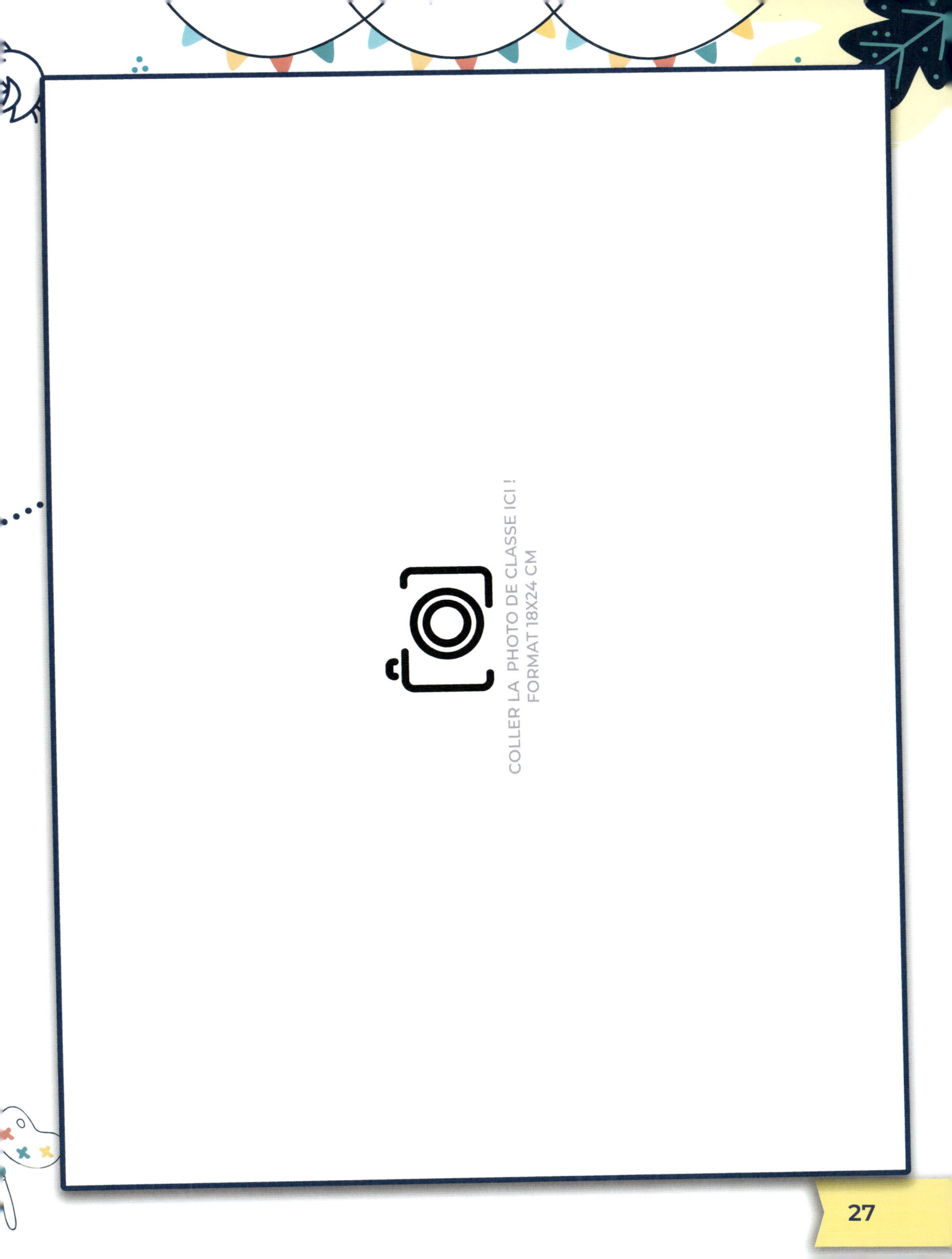

# CE 1

Date de la rentrée : ..................................................
..........................................................................

Nom et adresse de mon école : .................................
..........................................................................
..........................................................................

Le jour de la rentrée, j'étais :

- content ☐
- confiant ☐
- calme ☐
- excité ☐
- déçu ☐
- fatigué ☐
- anxieux ☐
- triste ☐

COLLER UNE PHOTO DE 10X15 CM
LE JOUR DE MA RENTRÉE

Cette année j'ai :
........ Maître(s), qui se prénomme(nt) ........
..........................................................................
........ Maîtresse(s), qui se prénomme(nt) ........
..........................................................................

Mes activités préférées sont :
..........................................................................
..........................................................................
..........................................................................
..........................................................................

Cette année j'ai appris a :
..........................................................................
..........................................................................
..........................................................................
..........................................................................

Sur cette photo, j'ai ............ ans

Je mesure ........................................

Je pèse ........................................

Ma tenue ........................................
préférée est ........................................

28

## Année scolaire 20__ / 20__

Mon meilleur copain : ..................................

Ma meilleure copine : ..................................

Un souvenir marquant : ..................................

..................................

..................................

..................................

..................................

**PLUS TARD JE SERAIS**

..................................

COLLER UN DE MES PREMIERS CHEF-D'ŒUVRE, DES PHOTOS OU DES MOTS DES COPAINS OU ÉCRIRE DES NOTES SUPPLÉMENTAIRES

## la photo de l'année

### Mon humeur lors de la séance photo

- ☐ Content
- ☐ Confiant
- ☐ Détendu
- ☐ Excité
- ☐ Malade
- ☐ Fatigué
- ☐ Anxieux
- ☐ Triste

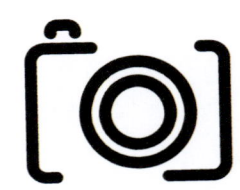

*Coller une photo de 13x18 cm*
*C'est mon portrait le plus studieux !*

## L'EFFECTIF DE LA CLASSE

Écrire le prénom de mes camarades de gauche à droite en partant du haut

COLLER LA PHOTO DE CLASSE ICI !
FORMAT 18X24 CM

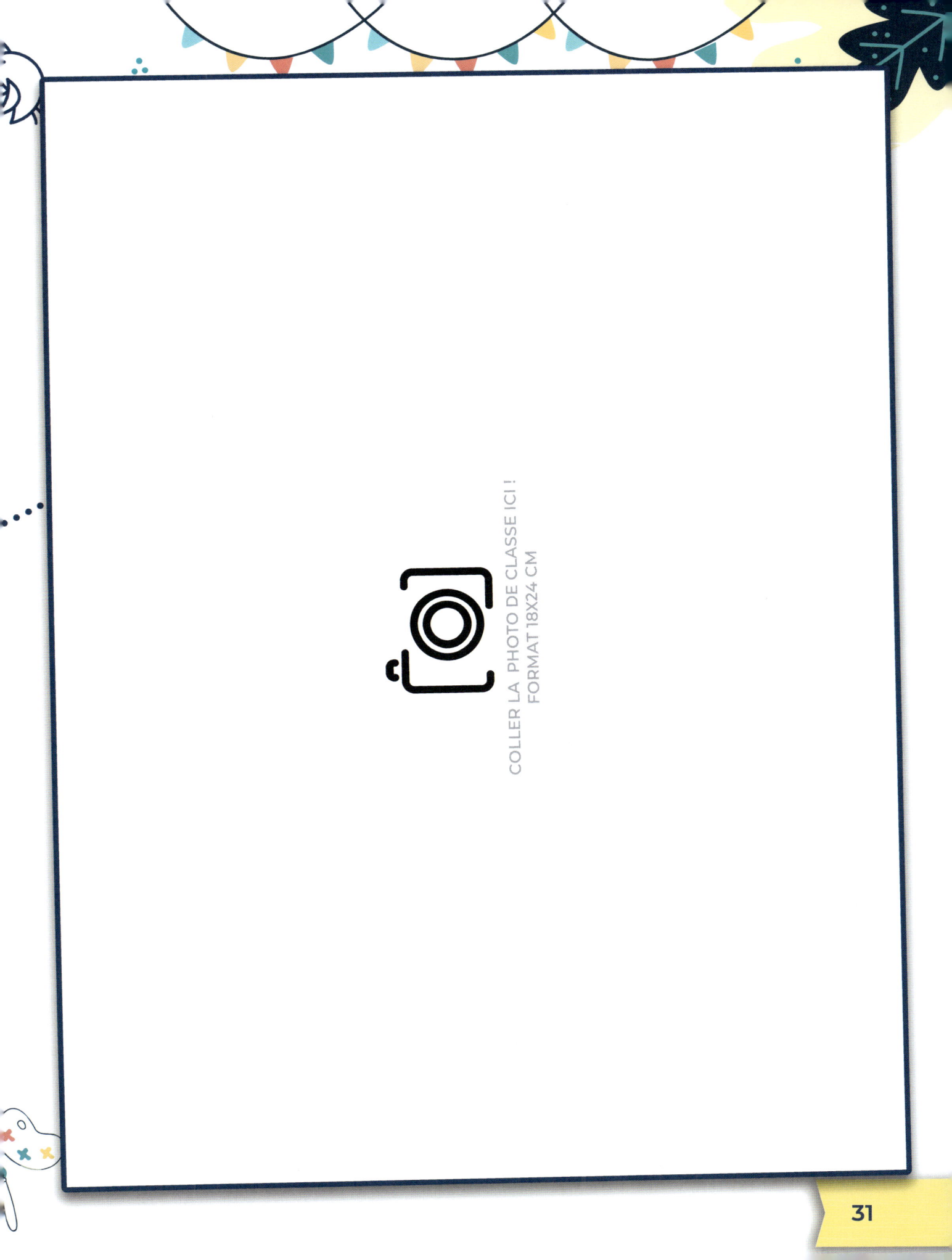

# CE 2

Date de la rentrée : ..................................................
..........................................................................

Nom et adresse de mon école : ..........................
..........................................................................
..........................................................................

Le jour de la rentrée, j'étais :

| 😀 | 😊 | 😐 | 🤪 | 😔 | 😴 | 😟 | 😢 |
|---|---|---|---|---|---|---|---|
| content ☐ | confiant ☐ | calme ☐ | excité ☐ | déçu ☐ | fatigué ☐ | anxieux ☐ | triste ☐ |

**COLLER UNE PHOTO DE 10X15 CM LE JOUR DE MA RENTRÉE**

Cette année j'ai :
........ Maître(s), qui se prénomme(nt) ..................
..........................................................................
........ Maîtresse(s), qui se prénomme(nt) ..............
..........................................................................

Mes activités préférées sont :
..........................................................................
..........................................................................
..........................................................................
..........................................................................

Cette année j'ai appris à :
..........................................................................
..........................................................................
..........................................................................
..........................................................................

Sur cette photo, j'ai ........... ans

Je mesure ........................................

Je pèse ........................................

Ma tenue préférée est ........................................

## Année scolaire 20__ / 20__

Mon meilleur copain : ..................................

Ma meilleure copine : ..................................

Un souvenir marquant : ..................................

..................................

..................................

..................................

..................................

**PLUS TARD JE SERAIS**

..................................

COLLER UN DE MES PREMIERS CHEF-D'ŒUVRE, DES PHOTOS OU DES MOTS DES COPAINS OU ÉCRIRE DES NOTES SUPPLÉMENTAIRES

## la photo de l'année

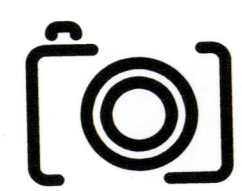

### Mon humeur lors de la séance photo

- ☐ Content
- ☐ Confiant
- ☐ Détendu
- ☐ Excité
- ☐ Malade
- ☐ Fatigué
- ☐ Anxieux
- ☐ Triste

COLLER UNE PHOTO DE 13X18 CM
C'EST MON PORTRAIT LE PLUS STUDIEUX !

## L'EFFECTIF DE LA CLASSE

ÉCRIRE LE PRÉNOM DE MES CAMARADES DE GAUCHE À DROITE EN PARTANT DU HAUT

COLLER LA PHOTO DE CLASSE ICI !
FORMAT 18X24 CM

## CM 1

Date de la rentrée : ..................................................
..........................................................................

Nom et adresse de mon école :
..........................................................................
..........................................................................

Le jour de la rentrée, j'étais :

| 😀 content ☐ | 😊 confiant ☐ | 😐 calme ☐ | 😜 excité ☐ | 😔 déçu ☐ | 😴 fatigué ☐ | 😟 anxieux ☐ | 😢 triste ☐ |

COLLER UNE PHOTO DE 10X15 CM
LE JOUR DE MA RENTRÉE

Cette année j'ai :
......... Maître(s), qui se prénomme(nt) .........
..........................................................................
......... Maîtresse(s), qui se prénomme(nt) .........
..........................................................................

Mes activités préférées sont :
..........................................................................
..........................................................................
..........................................................................
..........................................................................

Cette année j'ai appris a :
..........................................................................
..........................................................................
..........................................................................
..........................................................................

Sur cette photo, j'ai ........... ans

Je mesure ..................................

Je pèse ..................................

Ma tenue préférée est ..................................

## Année scolaire 20__ / 20__

Mon meilleur copain : ..................................................

Ma meilleure copine : ..................................................

Un souvenir marquant : ..................................................
..................................................
..................................................
..................................................
..................................................
..................................................

**PLUS TARD JE SERAIS**

..................................................

COLLER UN DE MES PREMIERS CHEF-D'ŒUVRE, DES PHOTOS OU DES MOTS DES COPAINS OU ÉCRIRE DES NOTES SUPPLÉMENTAIRES

## la photo de l'année

### Mon humeur lors de la séance photo

☐ Content  ☐ Confiant  ☐ Détendu  ☐ Excité

☐ Malade  ☐ Fatigué  ☐ Anxieux  ☐ Triste

COLLER UNE PHOTO DE 13X18 CM
C'EST MON PORTRAIT LE PLUS STUDIEUX !

## L'EFFECTIF DE LA CLASSE

Écrire le prénom de mes camarades de gauche à droite en partant du haut

COLLER LA PHOTO DE CLASSE ICI !
FORMAT 18X24 CM

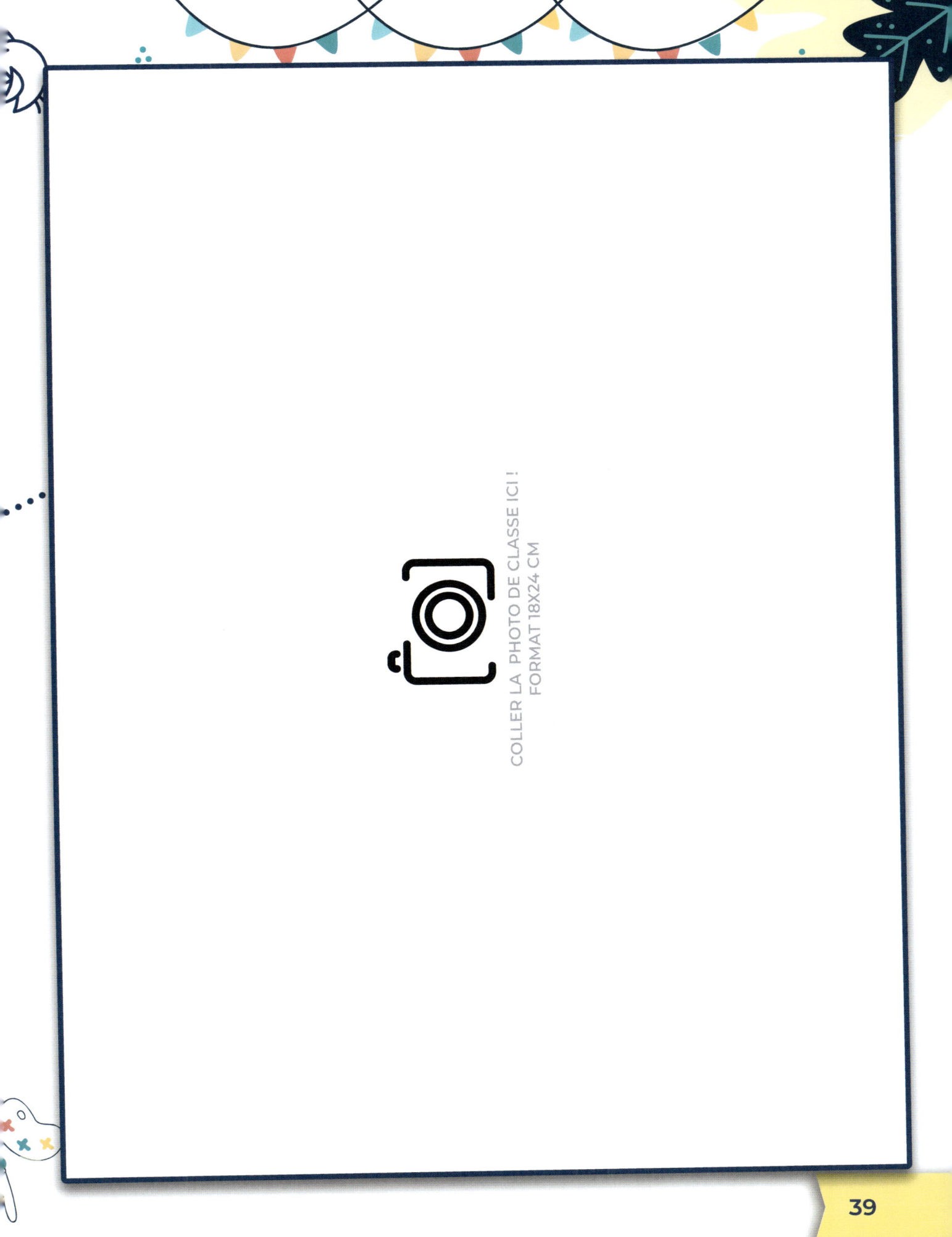

# CM 2

Date de la rentrée : ..................................
..................................................................

Nom et adresse de mon école :
..................................................................
..................................................................

Le jour de la rentrée, j'étais :

| content | confiant | calme | excité | déçu | fatigué | anxieux | triste |
|---|---|---|---|---|---|---|---|
| ☐ | ☐ | ☐ | ☐ | ☐ | ☐ | ☐ | ☐ |

*COLLER UNE PHOTO DE 10X15 CM LE JOUR DE MA RENTRÉE*

Cette année j'ai :
.......... Maître(s), qui se prénomme(nt) ..................
..................................................................
.......... Maîtresse(s), qui se prénomme(nt) ..................
..................................................................

Mes activités préférées sont :
..................................................................
..................................................................
..................................................................
..................................................................

Cette année j'ai appris a :
..................................................................
..................................................................
..................................................................
..................................................................

Sur cette photo, j'ai .......... ans

Je mesure ..................................

Je pèse ..................................

Ma tenue préférée est ..................................

## Année scolaire 20___ / 20___

Mon meilleur copain : .......................

Ma meilleure copine : .......................

Un souvenir marquant : .......................

**PLUS TARD JE SERAIS**
.......................

COLLER UN DE MES PREMIERS CHEF-D'ŒUVRE, DES PHOTOS OU DES MOTS DES COPAINS
OU ÉCRIRE DES NOTES SUPPLÉMENTAIRES

## la photo de l'année

### Mon humeur lors de la séance photo

- ☐ Content
- ☐ Confiant
- ☐ Détendu
- ☐ Excité
- ☐ Malade
- ☐ Fatigué
- ☐ Anxieux
- ☐ Triste

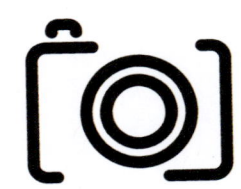

Coller une photo de 13x18 cm
C'est mon portrait le plus studieux !

## L'effectif de la classe

Écrire le prénom de mes camarades de gauche à droite en partant du haut

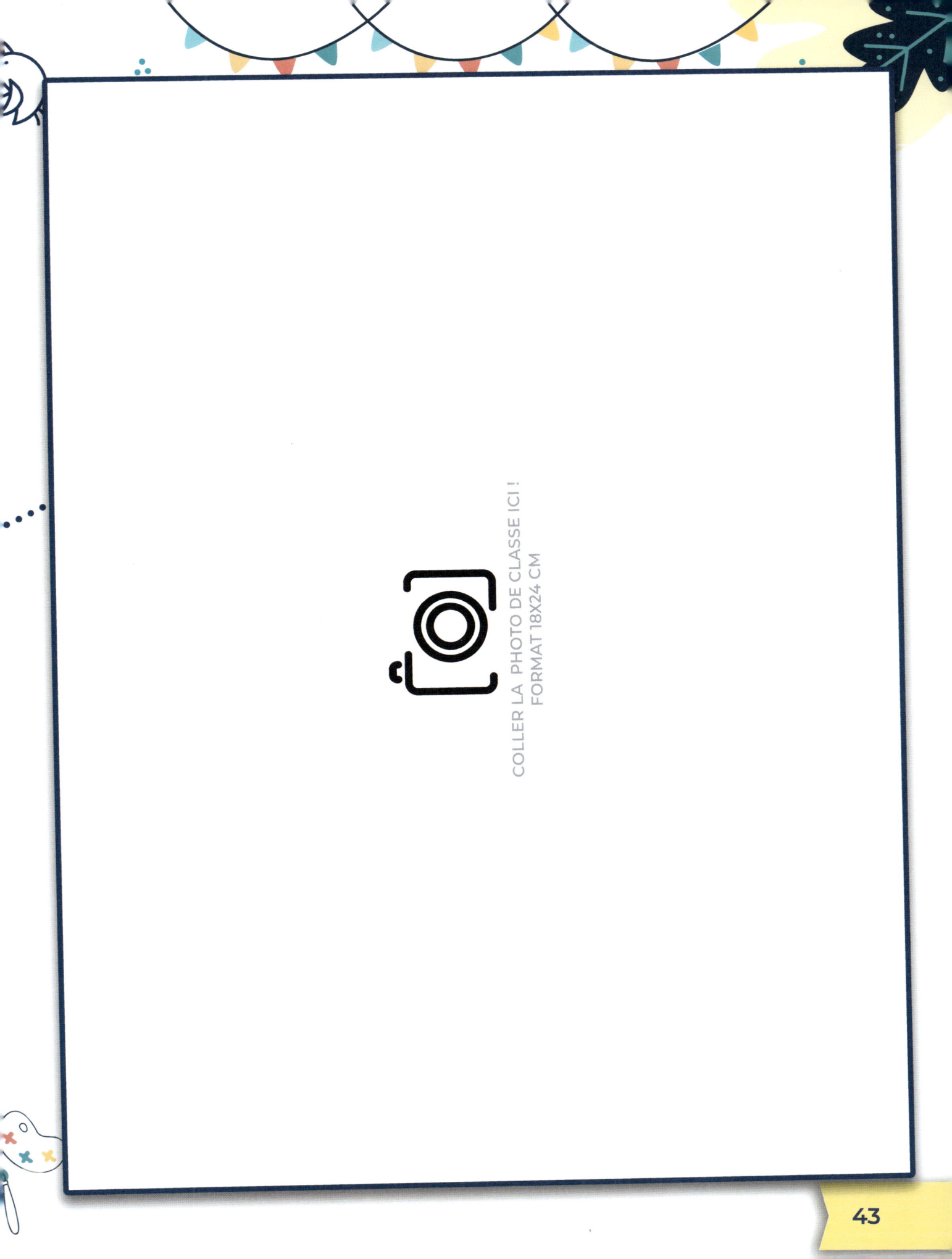

COLLER LA PHOTO DE CLASSE ICI !
FORMAT 18X24 CM

# Notes pour plus tard

# mes années au COLLÈGE

# 6ème

Date de la rentrée : ..................................................
..........................................................................

Nom et adresse de mon collège
..........................................................................
..........................................................................

Le jour de la rentrée, j'étais :

| 😀 | 😊 | 😐 | 😜 | 😔 | 😴 | 😟 | 😢 |
|---|---|---|---|---|---|---|---|
| content | confiant | calme | excité | déçu | fatigué | anxieux | triste |
| ☐ | ☐ | ☐ | ☐ | ☐ | ☐ | ☐ | ☐ |

COLLER UNE PHOTO DE 10X15 CM
LE JOUR DE MA RENTRÉE

### Cette année j'ai :

MME OU M .................................... COMME PROF PRINCIPAL
QUI NOUS ENSEIGNE ....................................................

### Mes cours préférées sont :
..........................................................................
..........................................................................
..........................................................................
..........................................................................

### Mes passions :
..........................................................................
..........................................................................
..........................................................................
..........................................................................

Sur cette photo, j'ai ........... ans

Je mesure ....................................

Je pèse ....................................

Ma tenue ....................................
préférée est ....................................

# Année scolaire 20__ / 20__

## MON EMPLOI DU TEMPS ( DE MINISTRE ! )

|  | LUNDI | MARDI | MERCREDI | JEUDI | VENDREDI |
|---|---|---|---|---|---|
| 8h00 | | | | | |
| 9h00 | | | | | |
| 10h00 | | | | | |
| 11h00 | | | | | |
| 12h00 | | | | | |
| 13h00 | | | | | |
| 14H00 | | | | | |
| 15H00 | | | | | |
| 16H00 | | | | | |
| 17H00 | | | | | |
| 18H00 | | | | | |
| 19H00 | | | | | |

Mes meilleurs copains / copines : ..................................

Mon amoureux / amoureuse : ..................................

Mes morceaux préférés : ..................................

Un souvenir marquant : ..................................

★ Plus tard ★
**je serais**
..................................

## la photo de l'année

### Mon humeur lors de la séance photo

- ☐ Content
- ☐ Confiant
- ☐ Détendu
- ☐ Excité
- ☐ Malade
- ☐ Fatigué
- ☐ Anxieux
- ☐ Triste

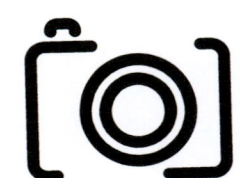

COLLER UNE PHOTO DE 13X18 CM
C'EST MON PORTRAIT LE PLUS STUDIEUX !

## L'EFFECTIF DE LA CLASSE

écrire le prénom de mes camarades de gauche à droite en partant du haut

COLLER LA PHOTO DE CLASSE ICI !
FORMAT 18X24 CM

# 5ème

Date de la rentrée : ..................................
..........................................................

Nom et adresse de mon collège
..........................................................
..........................................................

Le jour de la rentrée, j'étais :

| 😀 | 😉 | 😐 | 😛 | 😔 | 😴 | 😟 | 😢 |
|---|---|---|---|---|---|---|---|
| content ☐ | confiant ☐ | calme ☐ | excité ☐ | déçu ☐ | fatigué ☐ | anxieux ☐ | triste ☐ |

**COLLER UNE PHOTO DE 10X15 CM LE JOUR DE MA RENTRÉE**

Cette année j'ai :

Mme ou M ............................. comme prof principal

qui nous enseigne .............................

Mes cours préférées sont :
..........................................................
..........................................................
..........................................................
..........................................................

Mes passions :
..........................................................
..........................................................
..........................................................
..........................................................

Sur cette photo, j'ai ........... ans

Je mesure .............................

Je pèse .............................

Ma tenue préférée est .............................

# Année scolaire 20__ / 20__

## MON EMPLOI DU TEMPS ( DE MINISTRE ! )

|       | LUNDI | MARDI | MERCREDI | JEUDI | VENDREDI |
|-------|-------|-------|----------|-------|----------|
| 8h00  |       |       |          |       |          |
| 9h00  |       |       |          |       |          |
| 10h00 |       |       |          |       |          |
| 11h00 |       |       |          |       |          |
| 12h00 |       |       |          |       |          |
| 13h00 |       |       |          |       |          |
| 14H00 |       |       |          |       |          |
| 15H00 |       |       |          |       |          |
| 16H00 |       |       |          |       |          |
| 17H00 |       |       |          |       |          |
| 18H00 |       |       |          |       |          |
| 19H00 |       |       |          |       |          |

Mes meilleurs copains / copines : ........................

Mon amoureux / amoureuse : ........................

Mes morceaux préférés : ........................

Un souvenir marquant : ........................

★ Plus tard ★
**je serais**
........................

## la photo de l'année

### Mon humeur lors de la séance photo

- ☐ Content
- ☐ Confiant
- ☐ Détendu
- ☐ Excité
- ☐ Malade
- ☐ Fatigué
- ☐ Anxieux
- ☐ Triste

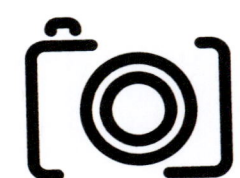

COLLER UNE PHOTO DE 13X18 CM
C'EST MON PORTRAIT LE PLUS STUDIEUX !

## L'EFFECTIF DE LA CLASSE

ÉCRIRE LE PRÉNOM DE MES CAMARADES DE GAUCHE À DROITE EN PARTANT DU HAUT

COLLER LA PHOTO DE CLASSE ICI !
FORMAT 18X24 CM

# 4ème

Date de la rentrée : ................................
................................................................

Nom et adresse de mon collège
................................................................
................................................................

Le jour de la rentrée, j'étais :

| 😃 | 😉 | 😐 | 😜 | 😔 | 😴 | 😟 | 😢 |
|---|---|---|---|---|---|---|---|
| content ☐ | confiant ☐ | calme ☐ | excité ☐ | déçu ☐ | fatigué ☐ | anxieux ☐ | triste ☐ |

COLLER UNE PHOTO DE 10X15 CM
LE JOUR DE MA RENTRÉE

## Cette année j'ai :

MME OU M ........................ COMME PROF PRINCIPAL
QUI NOUS ENSEIGNE ........................

### Mes cours préférées sont :
................................................................
................................................................
................................................................
................................................................

### Mes passions :
................................................................
................................................................
................................................................
................................................................

Sur cette photo, j'ai ........... ans

Je mesure ........................

Je pèse ........................

Ma tenue préférée est ........................

# Année scolaire
## 20___ / 20___

### MON EMPLOI DU TEMPS ( DE MINISTRE ! )

|  | LUNDI | MARDI | MERCREDI | JEUDI | VENDREDI |
|---|---|---|---|---|---|
| 8h00 | | | | | |
| 9h00 | | | | | |
| 10h00 | | | | | |
| 11h00 | | | | | |
| 12h00 | | | | | |
| 13h00 | | | | | |
| 14H00 | | | | | |
| 15H00 | | | | | |
| 16H00 | | | | | |
| 17H00 | | | | | |
| 18H00 | | | | | |
| 19H00 | | | | | |

Mes meilleurs copains / copines : ..........................
..........................

Mon amoureux / amoureuse : ..........................
..........................

Mes morceaux préférés : ..........................
..........................
..........................
..........................

Un souvenir marquant : ..........................
..........................
..........................
..........................

### ★ Plus tard ★
### je serais
..........................

# la photo de l'année

## Mon humeur lors de la séance photo

- ☐ Content
- ☐ Confiant
- ☐ Détendu
- ☐ Excité
- ☐ Malade
- ☐ Fatigué
- ☐ Anxieux
- ☐ Triste

COLLER UNE PHOTO DE 13X18 CM
C'EST MON PORTRAIT LE PLUS STUDIEUX !

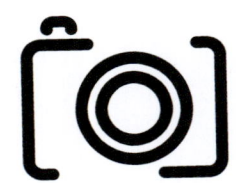

## L'EFFECTIF DE LA CLASSE

Écrire le prénom de mes camarades de gauche à droite en partant du haut

COLLER LA PHOTO DE CLASSE ICI !
FORMAT 18X24 CM

# 3ème

Date de la rentrée : ........................................................
........................................................

Nom et adresse de mon collège
........................................................
........................................................

Le jour de la rentrée, j'étais :

| 😃 content ☐ | 😉 confiant ☐ | 😐 calme ☐ | 😛 excité ☐ | 😔 déçu ☐ | 😴 fatigué ☐ | 😟 anxieux ☐ | 😢 triste ☐ |

**Cette année j'ai :**

MME OU M .............................. COMME PROF PRINCIPAL

QUI NOUS ENSEIGNE ..............................

**Mes cours préférées sont :**
........................................................
........................................................
........................................................
........................................................

**Mes passions :**
........................................................
........................................................
........................................................
........................................................

Sur cette photo, j'ai ........... ans

Je mesure ..............................

Je pèse ..............................

Ma tenue préférée est ..............................

COLLER UNE PHOTO DE 10X15 CM
LE JOUR DE MA RENTRÉE

# Année scolaire 20__ / 20__

## MON EMPLOI DU TEMPS ( DE MINISTRE ! )

|  | LUNDI | MARDI | MERCREDI | JEUDI | VENDREDI |
|---|---|---|---|---|---|
| 8h00 | | | | | |
| 9h00 | | | | | |
| 10h00 | | | | | |
| 11h00 | | | | | |
| 12h00 | | | | | |
| 13h00 | | | | | |
| 14H00 | | | | | |
| 15H00 | | | | | |
| 16H00 | | | | | |
| 17H00 | | | | | |
| 18H00 | | | | | |
| 19H00 | | | | | |

Mes meilleurs copains / copines : ....................................

Mon amoureux / amoureuse : ....................................

Un souvenir marquant : ....................................

## Mes projets pour l'année prochaine !

....................................

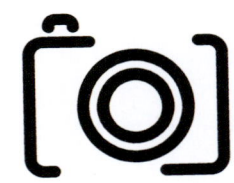

## la photo de l'année

### Mon humeur lors de la séance photo

- ☐ Content
- ☐ Confiant
- ☐ Détendu
- ☐ Excité
- ☐ Malade
- ☐ Fatigué
- ☐ Anxieux
- ☐ Triste

COLLER UNE PHOTO DE 13X18 CM
C'EST MON PORTRAIT LE PLUS STUDIEUX !

## L'EFFECTIF DE LA CLASSE

ÉCRIRE LE PRÉNOM DE MES CAMARADES DE GAUCHE À DROITE EN PARTANT DU HAUT

COLLER LA PHOTO DE CLASSE ICI !
FORMAT 18X24 CM

# Notes pour plus tard

# mes années au LYCÉE

# 2nd

Date de la rentrée : ..................................

..........................................................

Nom et adresse de mon lycée

..........................................................

..........................................................

Le jour de la rentrée, j'étais :

| 😃 | 😊 | 😐 | 😜 | 😔 | 😴 | 😟 | 😢 |
|---|---|---|---|---|---|---|---|
| content | confiant | calme | excité | déçu | fatigué | anxieux | triste |
| ☐ | ☐ | ☐ | ☐ | ☐ | ☐ | ☐ | ☐ |

COLLER UNE PHOTO DE 10X15 CM
LE JOUR DE MA RENTRÉE

## Cette année j'ai :

MME OU M .............................. COMME PROF PRINCIPAL

QUI NOUS ENSEIGNE ..............................

### Mes cours préférées sont :

..........................................................
..........................................................
..........................................................
..........................................................

### Mes passions :

..........................................................
..........................................................
..........................................................
..........................................................

Sur cette photo, j'ai ............ ans

Je mesure ..............................

Je pèse ..............................

Ma tenue ..............................
préférée est ..............................

# Année scolaire
## 20__ / 20__

### MON EMPLOI DU TEMPS ( BIEN CHARGÉ ! )

|  | LUNDI | MARDI | MERCREDI | JEUDI | VENDREDI |
|---|---|---|---|---|---|
| 8h00 | | | | | |
| 9h00 | | | | | |
| 10h00 | | | | | |
| 11h00 | | | | | |
| 12h00 | | | | | |
| 13h00 | | | | | |
| 14H00 | | | | | |
| 15H00 | | | | | |
| 16H00 | | | | | |
| 17H00 | | | | | |
| 18H00 | | | | | |
| 19H00 | | | | | |

Mes meilleurs copains / copines : ..................

Mon Amoureux / Amoureuse : ..................

Un souvenir marquant : ..................

### ★ Objectifs ★ post-bac
..................
..................
..................
..................
..................

## la photo de l'année

### Mon humeur lors de la séance photo

- ☐ Content
- ☐ Confiant
- ☐ Détendu
- ☐ Excité
- ☐ Malade
- ☐ Fatigué
- ☐ Anxieux
- ☐ Triste

COLLER UNE PHOTO DE 13X18 CM
C'EST MON PORTRAIT LE PLUS STUDIEUX !

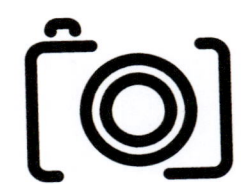

### L'EFFECTIF DE LA CLASSE

ÉCRIRE LE PRÉNOM DE MES CAMARADES DE GAUCHE À DROITE EN PARTANT DU HAUT

COLLER LA PHOTO DE CLASSE ICI !
FORMAT 18X24 CM

# 1ere

Date de la rentrée : ..................................................
..........................................................................

Nom et adresse de mon lycée
..........................................................................
..........................................................................

Le jour de la rentrée, j'étais :

| content | confiant | calme | excité | déçu | fatigué | anxieux | triste |
|---|---|---|---|---|---|---|---|
| ☐ | ☐ | ☐ | ☐ | ☐ | ☐ | ☐ | ☐ |

**Cette année j'ai :**

MME OU M .............................. COMME PROF PRINCIPAL

QUI NOUS ENSEIGNE ........................................

**Mes cours préférées sont :**
..........................................................................
..........................................................................
..........................................................................
..........................................................................

**Mes passions :**
..........................................................................
..........................................................................
..........................................................................
..........................................................................

Sur cette photo, j'ai ........... ans

Je mesure ..................................

Je pèse ..................................

Ma tenue ..................................
préférée est ..................................

COLLER UNE PHOTO DE 10X15 CM
LE JOUR DE MA RENTRÉE

# Année scolaire 20__ / 20__

## MON EMPLOI DU TEMPS ( BIEN CHARGÉ ! )

|  | LUNDI | MARDI | MERCREDI | JEUDI | VENDREDI |
|---|---|---|---|---|---|
| 8h00 | | | | | |
| 9h00 | | | | | |
| 10h00 | | | | | |
| 11h00 | | | | | |
| 12h00 | | | | | |
| 13h00 | | | | | |
| 14H00 | | | | | |
| 15H00 | | | | | |
| 16H00 | | | | | |
| 17H00 | | | | | |
| 18H00 | | | | | |
| 19H00 | | | | | |

Mes meilleurs copains / copines : .................

Mon amoureux / amoureuse : .................

Un souvenir marquant : .................

### ★ Objectifs ★ post-bac

.................

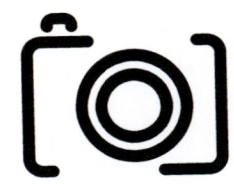

## la photo de l'année

### Mon humeur lors de la séance photo

- ☐ Content
- ☐ Confiant
- ☐ Détendu
- ☐ Excité
- ☐ Malade
- ☐ Fatigué
- ☐ Anxieux
- ☐ Triste

Coller une photo de 13x18 cm
C'est mon portrait le plus studieux !

## L'effectif de la classe

Écrire le prénom de mes camarades de gauche à droite en partant du haut

COLLER LA PHOTO DE CLASSE ICI !
FORMAT 18X24 CM

# TERMINALE

Date de la rentrée : ..................................................
..........................................................................

Nom et adresse de mon lycée
..........................................................................
..........................................................................

Le jour de la rentrée, j'étais :

| 😃 | 😉 | 😐 | 😜 | 😔 | 😴 | 😨 | 😢 |
|---|---|---|---|---|---|---|---|
| content ☐ | confiant ☐ | calme ☐ | excité ☐ | déçu ☐ | fatigué ☐ | anxieux ☐ | triste ☐ |

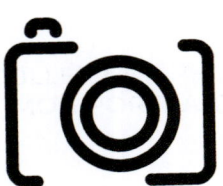

COLLER UNE PHOTO DE 10X15 CM
LE JOUR DE MA RENTRÉE

### Cette année j'ai :

Mme ou M .............................. comme prof principal
qui nous enseigne ..........................................

### Mes cours préférées sont :
..........................................................................
..........................................................................
..........................................................................
..........................................................................
..........................................................................

### Mes passions :
..........................................................................
..........................................................................
..........................................................................
..........................................................................

Sur cette photo, j'ai ........... ans

Je mesure ..........................................

Je pèse ..........................................

Ma tenue préférée est ..........................................

# Année scolaire 20__ / 20__

## Mon emploi du temps ( bien chargé ! )

|       | LUNDI | MARDI | MERCREDI | JEUDI | VENDREDI |
|-------|-------|-------|----------|-------|----------|
| 8h00  |       |       |          |       |          |
| 9h00  |       |       |          |       |          |
| 10h00 |       |       |          |       |          |
| 11h00 |       |       |          |       |          |
| 12h00 |       |       |          |       |          |
| 13h00 |       |       |          |       |          |
| 14H00 |       |       |          |       |          |
| 15H00 |       |       |          |       |          |
| 16H00 |       |       |          |       |          |
| 17H00 |       |       |          |       |          |
| 18H00 |       |       |          |       |          |
| 19H00 |       |       |          |       |          |

Mes meilleurs copains / copines : ..................

Mon amoureux / amoureuse : ..................

Un souvenir marquant : ..................

## L'année Prochaine

..................
..................
..................
..................
..................

## la photo de l'année

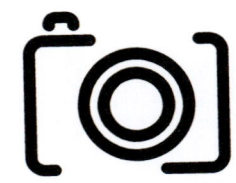

### Mon humeur lors de la séance photo

- ☐ Content
- ☐ Confiant
- ☐ Détendu
- ☐ Excité
- ☐ Malade
- ☐ Fatigué
- ☐ Anxieux
- ☐ Triste

COLLER UNE PHOTO DE 13X18 CM
C'EST MON PORTRAIT LE PLUS STUDIEUX !

## L'EFFECTIF DE LA CLASSE

ÉCRIRE LE PRÉNOM DE MES CAMARADES DE GAUCHE À DROITE EN PARTANT DU HAUT

COLLER LA PHOTO DE CLASSE ICI !
FORMAT 18X24 CM

# Notes pour plus tard

# SPÉCIAL Redoublement

## Spécial Redoublement

**20___ / 20___**

### Je me sentais :

- ☐ Confiant
- ☐ Détendu
- ☐ Excité
- ☐ ..................
- ☐ ..................

Je recommence ma : ................................................

Nom et adresse de mon établissement
................................................
................................................

Mes matières préférées : ................................................
................................................

Le ou la prof qui m'a fait progresser :
................................................
................................................

Mon meilleur souvenir :
................................................
................................................
................................................
................................................

COLLER UNE PHOTO DE 10X15 CM
LE JOUR DE MA RENTRÉE

### L'EFFECTIF DE LA CLASSE

ÉCRIRE LE PRÉNOM DE MES CAMARADES DE GAUCHE À DROITE EN PARTANT DU HAUT

................................................
................................................
................................................
................................................
................................................
................................................
................................................
................................................
................................................
................................................
................................................
................................................
................................................

COLLER LA PHOTO DE CLASSE ICI !
FORMAT 18X24 CM

# Redoublement SPÉCIAL

## 20__ / 20__

**Je me sentais :**

☐ Confiant  ☐ Détendu  ☐ Excité

☐ ……………  ☐ ……………

**Je recommence ma :** ……………………………………

**Nom et adresse de mon établissement**
………………………………………………………………
………………………………………………………………

**Mes matières préférées :** ……………………………
………………………………………………………………

**Le ou la prof qui m'a fait progresser :**
………………………………………………………………
………………………………………………………………

**Mon meilleur souvenir :**
………………………………………………………………
………………………………………………………………
………………………………………………………………

COLLER UNE PHOTO DE 10X15 CM
LE JOUR DE MA RENTRÉE

## L'EFFECTIF DE LA CLASSE

ÉCRIRE LE PRÉNOM DE MES CAMARADES DE GAUCHE À DROITE EN PARTANT DU HAUT

………………………………………………
………………………………………………
………………………………………………
………………………………………………
………………………………………………
………………………………………………
………………………………………………
………………………………………………
………………………………………………
………………………………………………
………………………………………………
………………………………………………

COLLER LA PHOTO DE CLASSE ICI !
FORMAT 18X24 CM

# Spécial Redoublement

## 20__ / 20__

**Je me sentais :**

- ☐ Confiant
- ☐ Détendu
- ☐ Excité
- ☐ ..................
- ☐ ..................

Je recommence ma : ..................................................

Nom et adresse de mon établissement
................................................................
................................................................

Mes matières préférées : ..................................
................................................................

Le ou la prof qui m'a fait progresser : ..............
................................................................

Mon meilleur souvenir :
................................................................
................................................................
................................................................
................................................................

**COLLER UNE PHOTO DE 10X15 CM LE JOUR DE MA RENTRÉE**

## L'EFFECTIF DE LA CLASSE

ÉCRIRE LE PRÉNOM DE MES CAMARADES DE GAUCHE À DROITE EN PARTANT DU HAUT

................................................................
................................................................
................................................................
................................................................
................................................................
................................................................
................................................................
................................................................
................................................................
................................................................
................................................................
................................................................
................................................................

COLLER LA PHOTO DE CLASSE ICI !
FORMAT 18X24 CM

Printed in Poland
by Amazon Fulfillment
Poland Sp. z o.o., Wrocław
11 November 2023